AF262462

LA COUR DE LOUIS XIV

EN 1671

MADAME DE MONTESPAN
COLBERT & LOUVOIS

L'histoire de la rivalité de Colbert et de Louvois n'a pas été encore étudiée, ce me semble, avec une précision suffisante. Il faudrait, à la lumière des documents publiés et de ceux que l'on pourrait encore découvrir, examiner les causes de cette rivalité, les circonstances dans lesquelles elle s'est manifestée le plus violemment, les armes employées par les deux ministres l'un contre l'autre, l'attitude observée par les tiers et notamment par les autres conseillers du Roi, et surtout celle du prince lui-même, discerner ses sentiments, comprendre les motifs de ses résolutions et établir le sens exact de son langage. Ce serait, en quelque sorte, démonter les rouages d'un gouvernement dont le fonctionnement grinçait plus que nous ne le pensons généralement, et cela sans que le Roi en fût aussi incommodé et s'en impatientât autant que l'auraient fait ou le feraient d'autres chefs d'Etat.

Notre esprit simplifie souvent trop le dessin des événements lointains parce que, en les imaginant, nous pensons à des abstractions, en quelque sorte, plus qu'aux hommes qui ont été en cause, et parce que nous réduisons à quelques traits les personnalités, parfois si complexes, de ces hommes.

Ce sont des hommes que nous montrent, au contraire, les documents que les contemporains ont écrits au moment même où ils recevaient l'impression des faits. Les témoignages des lettres ou du journal d'un contemporain peuvent être inexacts, passionnés, mensongers... et ne doivent pas être acceptés sans contrôle ; mais ils ont cette vérité générale que l'on appelle la couleur du temps, nuance délicate que trop d'historiens auront vite fait d'effacer lourdement. Les récits de l'époque, s'ils ne disent pas toujours la vérité, nous disent ce que leurs auteurs croyaient vrai ou pouvaient faire passer pour tel. C'est l'atmosphère où l'historien doit se placer pour bien voir les personnages qu'il observe : c'est ainsi qu'il pénétrera leur psychologie et reconnaîtra en eux ces sentiments et ces passions qui sont éternels, mais qui se dissimulent sous des apparences variant avec les temps.

De là viennent le charme et l'utilité de cette piquante correspondance du marquis de Saint-Maurice dont M. J. Lemoine poursuit la publication. En la lisant nous revivons les impressions éprouvées au jour le jour par un observateur, bien informé et perspicace, des intrigues de la cour, de celles des ministres et de celles des favorites. Le marquis a satisfait avec précision la curiosité du duc de Savoie sur les épisodes des luttes d'influence qui occupèrent la cour avec une acuité particulière en 1670 et 1671 : Mme de Montespan contre Mme de La Vallière, Colbert contre Louvois[1].

On ne lira peut-être pas sans intérêt le récit inédit de l'un des épisodes de cette rivalité des deux ministres. Je l'emprunte au *Journal* que tenait M. du Fresne, ancien premier commis du Secrétaire d'État des Affaires étrangères : journal dont j'ai retrouvé quelques fragments parmi les papiers de ce personnage conservés au Dépôt des Affaires étrangères et qui constituent l'une des sources les meilleures peut-être de notre histoire diplomatique de 1659 à 1672.

Du Fresne[2] était très bien placé pour être renseigné. Les missions diplomatiques qu'il avait accomplies et les fonctions

1. *Lettres sur la cour de Louis XIV*, 1667-1670 (Paris, 1911). M. Lemoine a eu l'amabilité de me communiquer les bonnes feuilles du second volume (1671-1673).

2. Léonard de Mousseaux, seigneur du Fresne, conseiller du Roi en ses conseils, lieutenant-général au bailliage de Loudun, etc., mort en 1681. J'ai eu l'occasion déjà de signaler l'intérêt du rôle joué par du Fresne et l'importance de ses papiers (*Changement de ministre*, dans la *Revue de Paris* du 15 juillet 1911 ; *Le Trésor de Childéric*, même *Revue*, 15 septembre 1911).

qu'il avait remplies dans les bureaux de M. de Brienne (1659-1663) l'avaient mis en relations avec tous les hommes marquants depuis près de trente-huit ans ; conseiller de notre fidèle allié l'Electeur de Mayence et désigné par ce prince comme son ministre en France, il cumulait avec cette charge flatteuse le soin de travaux particuliers que lui confiaient Lionne et Colbert ; il était, en somme, leur agent officieux, occupé aux affaires les plus variées, leur apportant constamment des renseignements, rédigeant force mémoires et entretenant une correspondance abondante sur les questions de politique extérieure, de marine, de commerce, de colonisation. Il était surtout très lié avec Colbert qui avait pensé à le prendre comme premier commis en 1669 et qui le consultait constamment, ainsi qu'avec la famille et les commis de ce ministre. Son témoignage a une valeur particulière quand il parle de Colbert ou de son autre illustre ami M. de Pomponne, dont il avait fréquenté la famille dès sa jeunesse [1].

Comme on le constatera, Mme de Montespan prit en 1671 la défense des intérêts de Colbert avec une passion que, seul, le *Journal* de du Fresne nous révèle. Colbert, jadis, avait été le confident des amours du Roi et de Mlle de La Vallière : quand son maître voulait encore dissimuler cette liaison ; c'est lui qui avait assuré la clandestinité de la naissance des deux premiers enfants et c'est sa femme qui avait assumé le soin de les faire garder et élever. C'est lui qui s'occupa aussi de l'achat de la terre destinée à être érigée en duché pour la maîtresse du Roi, et qui en dirigea l'administration. Quand le Roi était en campagne, Colbert lui envoyait des nouvelles du comte de Vermandois et de Mlle de Blois [2].

Louvois entretenait avec le frère de la favorite des relations de camaraderie qu'atteste une correspondance très familière et un peu lourdement plaisante [3] : le marquis de

---

1. Du Fresne avait débuté comme secrétaire du marquis de Feuquières, dont la femme, Anne Arnauld, était cousine germaine de M. Arnauld d'Andilly (père de Pomponne).

2. J. Lair, *Louise de La Vallière et la jeunesse de Louis XIV* (4ᵉ édition, 1907), p. 124, 142, 190, 293, 307, 378, 385. — P. Clément, *Lettres, instructions et mémoires de Colbert*, t. V, p. 297; t. VI, p. 209, 210, 272, 275, 463, 464.

3. J. Lemoine et A. Lichtenberger, *De La Vallière à Montespan*, chapitres II et VII. — C. Rousset, *Histoire de Louvois*, t. Iᵉʳ, p. 87-90 et 96.

La Vallière raille, dans une de ces lettres, « la perfection » du teint de madame Colbert [1] : ce n'était pas pour déplaire au collègue de Colbert !

Lorsque Mme de Montespan fut devenue la maîtresse du Roi, Louvois s'employa à écarter de la route de la nouvelle favorite un mari fâcheux : il réprima avec brutalité, en 1669, quelques actes d'indiscipline du marquis qui, poursuivi judiciairement, prit peur, s'enfuit en Espagne, puis, autorisé à rentrer en France, se confina dans sa province plusieurs années. Ainsi fut facilité le succès de la procédure en séparation de corps et de biens engagée par la marquise [2].

L'amitié de l'impérieuse maîtresse pouvait être plus utile ou plus nuisible que celle de la douce La Vallière auprès du Roi, si jaloux que fût celui-ci de ne pas se laisser dominer [3] et, encore plus, de ne pas en assumer les apparences. Colbert, par l'entremise duquel passaient les grâces pécuniaires faites largement à la favorite, et qui, lors des voyages du Roi, servait d'intermédiaire à la correspondance des deux amants, était l'ami de toute la famille de la marquise, du frère, le comte de Vivonne, comme du père, le duc de Mortemart. En mai 1668, celui-ci s'entremit pour favoriser le mariage d'une riche héritière, Mlle d'Alègre, avec Seignelay, fils du ministre [4]. Quand il visita la Provence, Seignelay y fut magnifiquement reçu par Vivonne [5] que sa qualité de général des galères mettait en constantes relations avec les Colbert; avec Louvois sa correspondance était froide; c'est à contre-cœur, dit-on, que le secrétaire d'Etat de la guerre l'inscrivit sur la liste des maréchaux [6].

Entre Colbert et Louvois, la rivalité était inévitable. Elle

1. Lemoine et Lichtenberger, p. 204.

2. *Ibid.*, p. 227.

3. Dans ses *Mémoires pour l'instruction du Dauphin* (éd. Dreyss, t. II, p. 315), il s'explique souvent sur ce sujet délicat : « En abandonnant notre cœur il faut demeurer maître absolu de notre esprit... »

4. *Lettres...*, t. VII, p. 354. — Mlle d'Alègre résista plusieurs années à cette mésalliance (Saint-Maurice, t. II, p. 112).

5. *Lettres...*, t. III, 2ᵉ partie, p. 21.

6. P. Clément, *Madame de Montespan et Louis XIV*, 1868, p. 164. — Jᵃˡ, *Abraham Du Quesne*, t. I, p. 303; t. II, p. 157, 256, 354.

datait de loin[1], mais s'accentua de plus en plus depuis 1668 et provoqua les plus regrettables manifestations[2]. Dans de longs mémoires, passionnés mais précis, qu'il adressait au Roi, Colbert se plaignait des empiétements de son collègue, exposait la répercussion fâcheuse des actes de Louvois sur la situation des finances et en arrivait à critiquer toute l'administration du secrétaire d'Etat de la guerre. La mauvaise répartition des affaires entre leurs départements, surtout des affaires de fortifications, multipliait les occasions directes de conflit ; la rivalité des deux ingénieurs qu'ils employaient, Clerville et Vauban, vint encore aggraver les choses. Des accusations de gaspillage, puis de friponneries furent énoncées : à la fin de 1670 et au début de 1671, l'intendant d'Alsace, Charles Colbert, cousin du ministre, pour se disculper de la complaisante confiance qu'il avait témoignée à un entrepreneur convaincu de malversations, voulut rejeter la responsabilité sur Vauban, protégé de Louvois. Vauban se justifia et accusa à son tour les gens qu'employait Colbert, non seulement en Alsace, mais ailleurs[3]. A l'occasion de l'établissement de l'arsenal de Rochefort un autre cousin du ministre, Colbert de Terron, fut aussi l'objet d'accusations dont on ne fournit pas la moindre preuve.

A la même époque, les ambitions de M. de Lauzun[4] trouvaient en Louvois un adversaire résolu et en Colbert un allié : c'est par Colbert que fut préparé, dit-on, le contrat de mariage de la cousine de Louis XIV avec cet audacieux Gas-

---

1. *Lettres...* t. II, Introduction, p. cxv et suiv., p. ccxix et suiv. — C. Rousset, *Histoire de Louvois*, t. Ier p. 119, 139, 153, 272 et suiv. — Clément, *Vie de Colbert* (1846), t. II, p. 433.

2. Dès le 2 mai 1667, Saint-Maurice racontait au duc de Savoie que Colbert n'était « plus si bien » et qu'on l'accusait de « prendre plus de dix millions chaque année », mais le 27 mai il annonçait que l'entente était rétablie entre tous les ministres. Voir aussi ses lettres du 18 novembre 1667, du 27 juillet et du 17 août 1668.

3. *Lettres*, t. V, p. III et suiv., p. 39 et suiv. et p. 439-441. — C. Rousset, t. Ier, p. 275 et suiv. — Saint-Maurice (t. II, p. 7) parle aussi des « mauvais offices » que Louvois et Le Tellier rendirent à Colbert à la fin de 1670.

4. Il se montrait, en 1669, fort obligeant pour M. de Maulevrier, frère de Colbert (*Lettres*, t. VII, p. 48), aux intérêts duquel Louvois était peu favorable (Camille Rousset, t. I, p. 272). Clément (*Mme de Montespan*, p. 30) a cité une lettre fort plate de Lauzun à Colbert, datée du mois d'août 1665.

con. Les deux maîtresses du Roi s'étaient déclarées pour Lauzun, chacune exprimant ses sentiments sous la forme convenable à son caractère. Mme de Montespan était toute ardeur[1]; n'était-ce pas Lauzun qui, lors de l'accouchement clandestin de mars 1670, avait emporté sous son manteau l'enfant de la marquise jusqu'à un sûr asile[2]? C'était lui encore qui avait décidé le duc de Nevers à épouser Mlle de Thianges, nièce de la favorite qui remplaça la mère de la fiancée à la cérémonie, le 14 décembre. « Elle en reçoit tous les honneurs, écrivait Mme de Sévigné. Le Roi rend à M. de Nevers toutes ses charges, de sorte que cette belle qui n'a pas un sou lui vaut mieux que la plus grande héritière de France. Mme de Montespan fait des merveilles partout[3]. » Le mariage de Lauzun avec Mademoiselle devait avoir lieu le 21 décembre. Le 18 au soir, le Roi retira l'assentiment qu'il avait donné à cette union si disproportionnée; mais dans les circonstances où il se produisait, ce revirement n'était ni une disgrâce pour Lauzun, ni un échec pour Mme de Montespan, qui, d'ailleurs, au dernier moment, aurait, dit-on, abandonné les intérêts de son associé[4]. La favorite était plus aimée que jamais, et sa modeste rivale, révoltée par trop d'affronts, méditait de quitter le monde : c'est le 10 février suivant que la duchesse de La Vallière alla demander asile au couvent par une résolution longuement méditée, mais qui ne devait pas tenir, cette fois, contre la volonté du Roi[5].

Au milieu de tant d'intrigues, quels étaient les sentiments du Roi pour Colbert et pour Louvois? Voulait-il les récon-

---

1. Les lettres publiées par Clément (p. 218-220) témoignent de ces sentiments et de l'entente de la marquise et de Colbert. Cf. le *Journal* de d'Ormesson, t. II, p. 605.

2. *Mémoires de Mademoiselle*, t. IV, p. 395. — Saint-Maurice donne quelques détails nouveaux sur la faveur dont Lauzun jouissait auprès du Roi en 1670 (Lettre du 21 mars et du 13 juin).

3. « Elle réussit tout ce qu'elle entreprend », écrit Saint-Maurice le 11 décembre 1670, et il indique les « marques éclatantes » de ses faveurs. Cf. une lettre de Mme de Montmorency à Bussy (*Correspondance de Bussy*, t. I, p. 243).

4. J. Lair, *op. cit*, p. 263-267. — Rousset, t. I, p. 237. — Mme de Sévigné, *Lettres*, t. II, p. 25 et suiv.

5. J. Lair, p. 268 et suiv. — Elle était très souffrante, d'après les renseignements très précis que donna Saint-Maurice (t. II, p. 37).

cilier, ou, tout au moins, empêcher leurs récriminations de venir le troubler? Pensait-il à leur imposer silence à tous deux ou à l'un d'eux seulement, ou même à disgracier l'un ou l'autre? Ou bien trouvait-il son compte à leur rivalité, dans une certaine mesure peut-être, et pourquoi[1]? A certains moments, on aurait pu croire que toute la faveur était pour les Le Tellier. « Si Louvois cherchait avec ardeur, dit son historien[2], toutes les occasions, tous les moyens de se rendre capable de plus grands services, son zèle ne demeurait pas sans récompense. Aux titres de Secrétaire d'Etat de la guerre, de Surintendant des postes (24 décembre 1668), de Chancelier de l'ordre du Saint-Esprit (3 janvier 1671), il allait ajouter, le 4 février 1672, à la fois ceux de Grand Vicaire de l'ordre de Saint-Lazare et de Ministre d'Etat. » Sa faveur avait grandi rapidement; en 1672, elle parut prépondérante.

Le fut-elle en effet, jamais? C'est un problème. Y eut-il sous Louis XIV un ministre dont la puissance ne fut pas, sinon contrebalancée, du moins contrariée, par la jalousie, les intrigues, les empiétements de ses collègues? Ce qu'on appelle la prépondérance de l'un d'eux, c'est plutôt l'échec des tentatives des autres pour parvenir à la prépondérance, comme si l'envie ne pouvait supporter une trop grande élévation. Envie des collègues, de l'opinion, du souverain même.

L'influence de Colbert subit une éclipse au début de 1671, cela résulte de tous les documents et de tous les témoignages. En ce collaborateur, dont il avait partagé l'enthousiasme réformateur, Louis XIV ne voulait pas avoir un maître, mais un excellent commis; il ne le croyait pas indispensable, mais il le trouvait utile et ne désirait pas s'en séparer, pourvu qu'il ne lui laissât ni les pouvoirs ni l'apparence des pouvoirs d'un pre-

1. « En toutes affaires il avait toujours souhaité qu'on s'adressât à lui directement afin de connaître librement et plus naturellement les sentiments de tous ceux qui traitaient ses affaires, ce qui ne se pouvait reconnaître si avant que de parler en sa présence on était d'accord et dans des sentiments uniformes. » (*Lettres* de Colbert, t. VI, p. XI.) — Il le dit un jour très nettement à Torcy.

2. T. I, p. 319. L'année précédente, Louvois avait paru menacé. Saint-Maurice écrit le 21 mars 1670 : « Le roi ne veut plus souffrir les emportements de M. de Louvois; et s'il ne s'amende, il en sera un jour en peine. » Voir aussi sa lettre du 25 avril 1670. — Cf. la *Relation de la Cour de France*, par Spanheim, publiée par E. Bourgeois, p. 330 et suivantes.

mier ministre ou d'un favori. Il lui écrivait le 12 mars 1670 : « Je sais que toutes vos raisons sont bonnes ; je les connais pour telles... » Le 22 mai : « Les détails que vous me faites de mes vaisseaux et galères me donnent du plaisir à voir. » Le 24 mai : « Il m'est agréable d'entendre parler de mes finances comme vous faites... » C'est avec l'approbation du Roi que Seignelay entreprit dans les ports en 1670 ce voyage qui confirmait par les faits sa désignation pour la succession de son père dans la direction du département de la marine ; au mois de janvier suivant, Colbert l'autorisait à se rendre en Italie pour y compléter son instruction. Toutes les recommandations qu'il lui adressa en 1670 et en 1671 prouvent qu'il se savait estimé du Roi, qu'il comptait sur son « travail extrême » pour se maintenir dans cette estime et qu'il se sentait sûr d'obtenir d'avoir son fils pour successeur à condition que celui-ci montrât de l'application et de l'assiduité, « qui seront les seules mesures du retardement ou de la proximité de cette grâce ».

Cependant le Roi avait, au début de janvier 1671, comme l'indique le journal de du Fresne, accordé à Louvois, malgré les instances de Mme de Montespan[1], une grâce sollicitée par Colbert. En février, il le chargeait de la mission délicate de décider Mme de La Vallière à sortir du couvent pour revenir à la cour. Le 15 avril suivant, il écrivait à son ministre une lettre très affectueuse : « Votre santé m'est nécessaire, je veux que vous la conserviez et que vous croyiez que c'est là confiance et l'amitié que j'ai en vous et pour vous qui me font parler comme je fais. »

Colbert était alors à Rochefort. Des mémoires, dit-on, avaient été donnés au Roi pour marquer les « voleries » de Terron. « Mais au retour de M. Colbert, écrit Olivier d'Ormesson[2], on parla bien de cette entreprise, et le Roi témoi-

---

1. Cela prouve la fausseté des bruits qui étaient venus aux oreilles de Saint-Maurice en novembre 1670 : dans une lettre du 21 de ce mois, il dit que Mme de Montespan « fait feu et flamme contre Colbert » qui lui aurait fait refuser « le privilège des boucheries de Paris ». Mais le 2 janvier 1671, il écrit : « Les dames de la faveur et M. Colbert vont bien ensemble ; il a trop d'habileté pour se brouiller avec elles et je crois que ce qu'on dit quelquefois de leur division n'est qu'invention. »

2. *Journal*, t. II, p. 612. — A. Jal, *Du Quesne*, t. II, p. 44 et 52.

gna être content de Terron. Néanmoins le voyage du Roi qui avait résolu d'y aller fut rompu. »

Quelques jours après, le Roi témoignait à Colbert un vif mécontentement dont la cause occasionnelle nous est inconnue. Le 24 avril, il lui adressait la lettre sévère que l'on sait[1] : « Je fus assez maître de moi avant-hier pour vous cacher la peine que j'avais d'entendre un homme que j'ai comblé de bienfaits comme vous me parler de la manière que vous faisiez... » Il faut la lire tout entière : elle est si caractéristique ! La réponse de Colbert, dont le texte ne nous a pas été conservé, témoignait sans doute la jalousie d'un serviteur fidèle qui se croit méconnu au profit d'un collègue moins éprouvé et moins dévoué; Louis XIV fut touché, car il répondit avec bonté, mais avec la bonté d'un maître[2]. Cela a un peu l'air d'une scène du *Dépit amoureux*.

Ce n'avait été qu'une crise; mais il y en eut d'autres. Louvois connut aussi des alternatives de faveur et de demi-disgrâce, et sa carrière faillit se terminer par une catastrophe à laquelle sa mort seule l'a soustrait. De tous les ministres la faveur rencontrait d'étroites limites : chaque fois qu'on put croire que l'un d'eux prétendait à une initiative marquée ou à une sorte de prépondérance ou tentait de soumettre ses collègues à son autorité ou de s'entendre avec eux en dehors de la présence du Roi, Louis XIV ramenait ses conseillers à une conception meilleure de l'étendue de leurs attributions[3]. Il les considérait comme ses commis, rien de plus peut-être, et jamais un ministre ne fut plus près de la disgrâce que le jour où ses services et la confiance du roi lui donnèrent l'orgueil de se croire un favori indispensable.

Il faut voir cela pour apprécier le caractère et l'importance de

1. *Lettres...*, t. VII, p. 53. — Cf. E. Lavisse, *Histoire de France*, t. VII, Iʳᵉ partie, p. 148-159.

2. *Ibid.*, p. 54. — Quelques semaines plus tard, le 8 juin, M. de Saint-Maurice écrivait que Colbert avait « toute la faveur, toute la confiance et tout le crédit ». On prétendit, dès l'année suivante, qu'il convoitait la dignité de chancelier (voir : Spanheim, p. 323; Ormesson, t. II, p. 531); il aurait, en septembre 1671, pensé à se faire donner la succession de Lionne (Saint-Maurice, t. II, p. 144 et 157).

3. Voir : Saint-Simon, *Parallèle des trois premiers rois Bourbons* (*Écrits inédits*, t. Iᵉʳ, p. 250); *Mémoires de Louis XIV*, publiés par Dreyss, t. II, p. 167 et suiv.

la rivalité de Colbert et de Louvois, grave et fâcheuse assurément, mais que le Roi préférait, de beaucoup, à une trop parfaite entente. Ces deux ministres n'étaient, d'ailleurs, pas
seuls dans le Conseil. Pour nous en tenir à l'année 1671
seulement, croit-on que Lionne était sans influence au moment où il venait de préparer l'encerclement des Pays-Bas
par cette série de négociations qui a été toujours considérée
comme un chef-d'œuvre de l'art diplomatique ?

C'est le 1er septembre 1671 que Lionne mourut. Soigneux
de ménager dans son Conseil l'équilibre des influences et .
des prétentions, le Roi ne voulut appeler au secrétariat d'Etat
des Affaires étrangères ni un Colbert ni un Le Tellier, ni
aucun homme appartenant à l'une ou à l'autre coterie : il
choisit un diplomate d'un caractère indépendant, Arnauld de
Pomponne, qui avait avec tout le monde des relations courtoises et dont le caractère inspirait partout confiance : les Le
Tellier présentèrent sa nomination comme leur œuvre et
comme faisant échec aux ambitions des Colbert. Ce n'est
pas impossible, mais ce n'est pas certain. Quoi qu'il en soit,
Louis XIV devait, en bien des circonstances encore, durant
les années suivantes, témoigner son amitié à Colbert, ne fût-
ce que lorsqu'il donna à Croissy, frère du ministre, la succession de Pomponne disgrâcié en 1679. Faut-il croire que
Colbert consolida sa situation par l'amitié que Mme de Montespan continua à lui marquer [1] ? L'alliance de famille qu'il
contracta avec elle, en mariant sa fille en 1680 au duc de
Mortemart, neveu de la marquise [2], consacra encore cette
entente qui eut l'occasion de s'affirmer lorsque la favorite
fut impliquée dans l'affaire des Poisons : Colbert prouva
alors qu'il n'était pas ingrat [3].

Louis DELAVAUD.

1. P. Clément, *Mme de Montespan*, p. 112, 126, 250, 259, 263. Ce fut pourtant Louvois qui se chargea de faire donner les premiers soins aux deux
enfants dont la marquise accoucha en 1677 et en 1678 (p. 93).

2. Le Roi donna en faveur de ce mariage « des millions » au duc de Mortemart (Saint-Simon, t. XVII, p. 113). D'après Primi Visconti (*Mémoires sur
la cour de Louis XIV*, p. 211). « Louvois, prié par Mme de Montespan de
marier sa fille avec M. de Mortemart, fit la sourde oreille, ce qui détermina
une rupture entre eux. Mme de Montespan se tourna alors du côté de
Colbert. »

3. M. J. Lemoine, qui a repris, après MM. P. Clément, Ravaisson, Loise-

Extrait du Journal de du Fresne

7 janvier 1671.

Le matin vers les neuf heures, M. D... [1] m'étant venu voir en ma chambre où je restais indisposé, m'a dit au sujet de la charge de chancelier des ordres du Roi qui avait vaqué par le décès de M. l'archevêque de Paris [2], dont Sa Majesté avait régalé M. le marquis de Louvois, secrétaire d'Etat, qu'il avait appris que M. Colbert, ministre et secrétaire d'Etat, avait eu quelque pensée pour lui sur cette occasion, et qu'en effet il l'avait fait proposer au Roi par Mme la marquise de Montespan dans le fort de la maladie de l'archevêque ; que le Roi avait répondu à cette dame que l'archevêque vivait encore ; qu'ensuite, après que le médecin Brayer [3] eut dit qu'il n'en pouvait réchapper, la marquise était retournée vers le Roi et avait demandé la grâce de cette charge en faveur de M. Colbert et qu'il se pût démettre de la sienne de trésorier de l'ordre [4] en faveur de son frère [5] l'ambassadeur en Angleterre, avec grande instance jusques à mettre le genou en terre ; mais que Sa Majesté lui avait répondu qu'elle verrait à cela quand le titulaire serait mort. Et que sur l'avis de la mort, cette dame s'étant représentée au Roi en avait fait de nouvelles instances avec encore plus de chaleur que la

leur, J. Lair et Funck-Brentano, l'histoire d'un épisode de l'affaire des Poisons, considère les inculpations portées contre Mme de Montespan comme l'une des machinations dirigées par Louvois contre Colbert (*Mme de Montespan et la légende des Poisons*, 1908). Il rappelle (p. 50) les bruits de malversation qui, après la mort de Colbert, furent répandus contre lui avec la complicité de Louvois, son successeur dans la direction des bâtiments. En fait d'accusation de ce genre, Colbert n'était pas en reste avec son rival, on va le voir dans un fragment du *Journal* de du Fresne.

1. Je crois lire Desmaretz. Brienne a eu un commis de ce nom, secrétaire-général des galères ; ce peut être aussi Régnier-Desmaretz, de l'Académie française.

2. Hardouin de Beaumont de Péréfixe, né en 1605, mort le 31 décembre 1670, membre de l'Académie française en 1654, chancelier des ordres (27 septembre 1661), archevêque de Paris (30 juillet 1662). Il avait été précepteur de Louis XIV (voir : Lacour-Gayet, *L'éducation politique de Louis XIV*, 1898, p. 142-151.— Saint-Simon, *Ecrits inédits*, t. IV, p. 439-441).

3. Nicolas Brayer (1604-1676) reçu docteur en 1628, un des médecins du Roi ; il soignait les enfants du Roi et de Mme de La Vallière.

4. Colbert avait reçu le 26 août 1665 cette charge vacante par le décès de M. de Nouveau, ancien surintendant des postes.

5. Charles Colbert, plus tard marquis de Croissy, était ambassadeur en Angleterre depuis le mois d'août 1668.

seconde fois jusques à verser des larmes et à se jeter à genoux pour fléchir Sa Majesté, qui n'avait répondu autre chose que ce qu'il avait auparavant fait sans autrement s'expliquer.

Que le jour ensuivant, M. de Louvois s'étant présenté au Roi pour lui faire le rapport des places, Sa Majesté, après le travail, s'était avisée de lui dire qu'elle lui voulait donner ses étrennes et qu'ensuite elle le nomma chancelier de ses ordres et lui dit d'aller lui-même porter à M. Colbert de sa part le commandement de l'expédition des lettres de la dite charge, comme il fit. A quoi M. Colbert répondit sans autre cérémonie qu'il le ferait, et sans accompagner d'aucun compliment, ni lui en avoir encore fait, non plus qu'à M. Le Tellier et au coadjuteur de Reims[1] sur ce sujet.

Que Mme de La Vallière, après avoir envoyé la princesse sa fille[2], dans un carrosse du Roi, accompagné de pages et de valets de pied, faire ses compliments sur cela à Mme la marquise de Louvois, y avait aussi été en chaise une heure après.

C'est ce que M. Person[3] dit en avoir appris de la bouche de M. le coadjuteur de Reims et que M. D... m'a débité. Que M. et Mme Colbert n'avaient sur cela fait aucune civilité à M. Le Tellier ni à M. de Louvois.

12 janvier 1671.

M. de Thou[4] m'a dit que M. Colbert et M. Le Tellier s'étaient réadjustés et que M. Colbert avait fait des civilités au père et au fils et à leur famille[5].

M. Aristé[6] m'avait dit le 10 que le nommé de La Montagne

1. Frère de Louvois.

2. Mlle de Blois, née le 2 octobre 1666; mariée en 1680 au prince de Conti.

3. Il y eut un commissaire des guerres de ce nom; est-ce de lui qu'il s'agit?

4. Jacques-Auguste de Thou (1609-1677), baron de Meslay, président au Parlement, ambassadeur en Hollande de 1657 à 1662.

5. Saint-Maurice (t. II, p. 7 et 12) raconte, à la date du 9 janvier, que Colbert n'a fait aucune civilité à Louvois, et, le 16, que les deux ministres se sont réconciliés le 13.

6. Pierre Aristé, conseiller du Roi, avait été premier commis de M. de Brienne en même temps que du Fresne. Il mourut le 10 février 1697. Il a écrit des mémoires sur le cérémonial, un *traité des consulats*, etc. Il était frère d'un

avait donné au Roi quelques avis de quelques profits qui se faisaient dans le fournissement (*sic*) des poudres à canon au préjudice des finances de Sa Majesté et que ces mémoires portaient quelque chose qui retournait contre M. de Louvois qui se mêlait des poudres, à cause de la pension que l'on disait que le traitant donnait à M. Le Tellier sur le parti[1], et que le donneur d'avis offrait de le faire prendre par gens solvables aux mêmes conditions que l'avait le traitant, sinon qu'au lieu qu'on lui donnait plusieurs cent mille livres tous les ans pour le fournissement qu'il était obligé de faire de poudres dans les magasins du Roi et pour entretenir ceux qui étaient déjà faits en réparant les frais et déchets des dites poudres, il en donnerait par an deux cent mille livres au Roi et ferait les mêmes frais et fournissement au Roi sans en rien prétendre pourvu qu'il eût le premier débit des poudres en France au prix courant d'aujourd'hui.

Que M. Colbert avait bien reçu cet homme et examiné ses mémoires[2].

prédicateur janséniste nommé Jacques-Emmanuel (1620-1694), supérieur du monastère de Liesse.

1. Marché.

2. Au mois de février suivant, il y eut encore des intrigues sur lesquelles une lettre de Mme de Montmorency à Bussy (*Correspondance de Bussy*, t. Ier, p. 374) nous renseigne, mais imparfaitement : elle parle non seulement des bruits qu'avait fait naître la retraite temporaire de Mme de La Vallière au couvent, mais aussi d'autres incidents relatifs à une lutte d'influence engagée autour de la Reine par la Molina, sa femme de chambre, et Mme de Remenecourt, que soutenait Mme Colbert (cf. p. 382).

(Extrait du Feuille d'histoire, 1er avril 1912

193

www.ingramcontent.com/pod-product-compliance
Lightning Source LLC
Chambersburg PA
CBHW061806060726
47597CB00007B/3136